→ レトロでかわいい図案がいっぱい！

鉄道クロスステッチBOOK

RAILWAY CROSS-STITCH BOOK

スハネフ 著

はじめに

はじめまして、鉄道手芸家のスハネフです。

鉄道手芸家なんて大それた肩書きを名乗っていますが、
少し前まで、私にとって鉄道は
移動する手段でしかありませんでした。

そんな私が、ある日出合った
特急列車のヘッドマークに魅了され、
「鉄道をモチーフに何かを作りたい！」と思うように。
そして、奥深い鉄道の世界に触れることで
いつしか手芸を楽しむためのコンテンツになっていました。

いつも好きな鉄道に囲まれていたい。
でも、大人の女性として
「いかにも」なのは、ちょっと気恥ずかしい。
そんな偏った鉄道愛をクロスステッチで表現しました。

クロスステッチ作品は、額装するのが一般的ですが、
この本では、日常に取り入れやすいように
マスキングテープやプッシュピンで気軽に飾れる、
ファブリックパネルやタペストリーに仕上げました。
ワッペンにしたり、それぞれのモチーフを切り取って
普段使いのものにワンポイント刺繍したりすることもできます。

昭和の鉄道少年には懐かしく、
鉄道にくわしくない人には「かわいい！」と思ってもらえたら
こんなにうれしいことはありません。

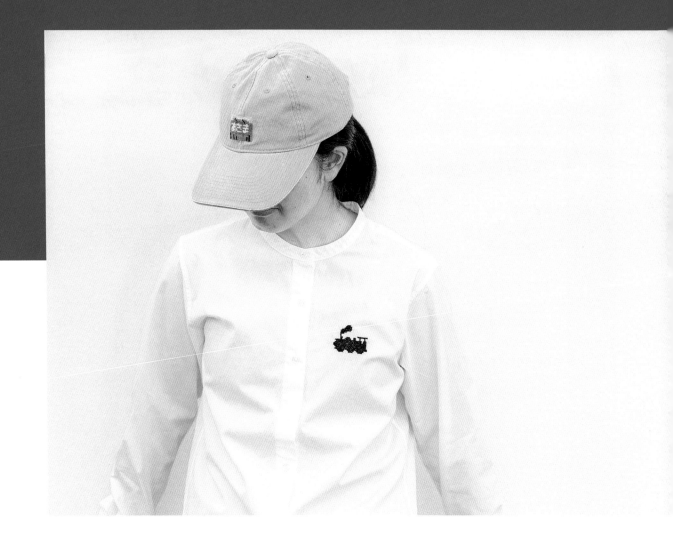

CONTENTS

鉄道モチーフのファブリックパネル

図案と作り方 ➡ P58、59

新幹線、吊り革、きっぷなど、列車や駅をイメージしたモチーフをランダムに配置。
ひとつひとつのモチーフをシンプルな服や小物に刺繍するのもおすすめ！

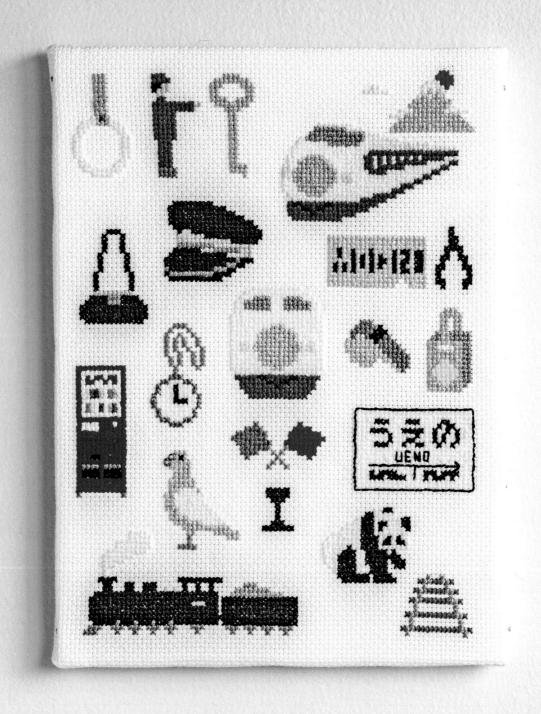

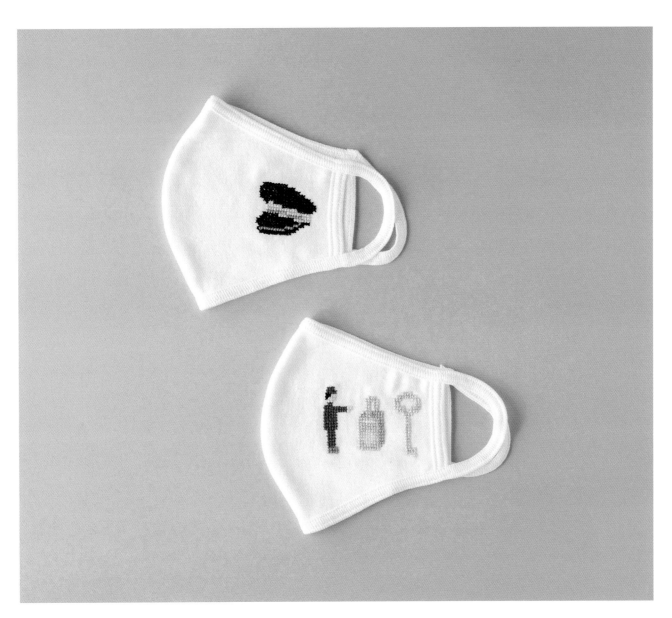

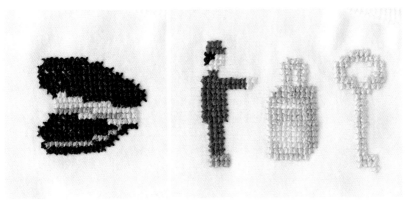

ARRANGE 01

制帽と駅員さんと
合図灯と鍵のマスク

図案 ➡ P58

[作り方]

DMC抜きキャンバス（14カウント）を使い、DMC刺繍糸（25番）2本どりで刺繍（P51参照）。市販のマスクにワンポイントをプラスすることで、自分だけのオリジナルに。

ARRANGE 02

新幹線と
富士山のがま口ポーチ

図案 ━━ P58

[作り方]

新幹線と富士山を刺繍したポーチ。DMC
抜きキャンバス（14カウント）を使い、DMC
刺繍糸（25番）2本どりで刺繍したあと、が
ま口ポーチに仕立てます（P59参照）。

手旗と吊り革のTシャツ

図案 ➡ P58

[作り方]

無地のキッズTシャツに、DMC抜きキャンバス（14カウント）を使ってDMC刺繍糸（25番）2本どりで刺繍（P51参照）。さりげなく鉄道愛をアピールできます。

標識モチーフのファブリックパネル

図案と作り方 ➡ P59〜61

鉄道標識や駅のサインを集めたファブリックパネル。モチーフ単体でブローチにしたり、直接ハンカチやシャツに刺繍したり、アイデア次第で楽しみ方は無限大!

ARRANGE 01

列車停止標識の
ブローチつきニットキャップ

図案 ➡ P60

[作り方]

DMCアイーダ（18カウント）にDMC刺
繍糸（25番）2本どりで刺繍し、ブローチ
にアレンジ（P49参照）。ニットキャップに
つけることで、北欧風に見えるから不思議。

ARRANGE 02

曲線標と
踏切警報機のハンカチ

図案 ━━ P61

[作り方]

DMC抜きキャンバス（14カウント）を使い、DMC刺繍糸（25番）2本どりでハンカチに刺繍（P51参照）。シックなので、男性へのプレゼントにもおすすめです。

ARRANGE 03

踏切警戒標識のシャツ

図案 ➡ P60

[作り方]

踏切警戒標識の機関車のシルエットを刺繍
したシャツ。DMC抜きキャンバス（14カウ
ント）を使い、DMC刺繍糸（25番）2本ど
りで刺繍します（P51参照）。

車止標識と架線終端標と
速度制限標識の
ワッペンつきカメラバッグ

図案 ➤ P60

[作り方]

DMCアイーダ（18カウント）にDMC刺
繍糸（25番）2本どりで刺繍し、ワッペンに
（P49参照）。布用接着剤で貼り、実用性
重視のカメラバッグにかわいい目印を。

ヘッドマークモチーフのファブリックパネル

図案と作り方 ➞ P59、62

特急列車のヘッドマークを図鑑のように並べたファブリックパネル。ヘッドマークを
デフォルメすることで仕上がりサイズを小さくし、アレンジしやすくしました。

ARRANGE 01

「ニセコ」と
「あさま」のキャップ

図案 ➡ P62

[作り方]

「ニセコ」と「あさま」のヘッドマークを、DMC抜きキャンバス（14カウント）を使ってDMC刺繍糸（25番）2本どりで刺繍（P51参照）。キャップのアクセントに。

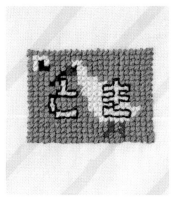

ARRANGE 02

「とき」の布バッグ

図案 ➡ P62

[作り方]

「とき」のヘッドマークを刺繍したバッグ。
DMC抜きキャンバス（14カウント）を使い、
DMC刺繍糸（25番）2本どりで刺繍した
あと、バッグに仕立てます（P63参照）。

ARRANGE 03

「つばさ」と「しおさい」の
ワッペンつきポーチ

図案 ➡ P62

[作り方]

DMCアイーダ（14カウント）にDMC刺繍
糸（25番）3本どりで刺繍し、縁ありワッペン
に（P49参照）。あえてエレガントなポー
チにつけてハズすのがスハネフ流。

ヘッドマークモチーフの
タペストリーと雑貨

列車の愛称を示したヘッドマーク。
近年は愛称にちなんだイラストが描かれた
ヘッドマークは減りましたが、
その独特の書体やデザインには、
鉄道ファンならずとも心ときめく魅力が詰まっています。
そんなヘッドマークをいつでも眺められるように
タペストリーや雑貨にしました！

WORKS 04

雷鳥タペストリー

図案と作り方 ➡ P**64**

485系の非貫通型先頭車に表示された
ヘッドマーク。雪化粧をした立山と岩場
に佇むライチョウの姿が凛として美しい。
青い地色が味のある「雷鳥」の文字を引
き立てています。

WORKS 05

つばさタペストリー

図案と作り方 ➡ P65

上野〜秋田間を結ぶ特急列車として、山形
新幹線開業まで活躍した特急つばさ号。大
きく広げた翼はスピード感と躍動感にあふれ
ています。真っ赤な地色もインパクト大！

WORKS 06

南風タペストリー

図案と作り方 ➡ P66

種類の多い特急南風号のヘッドマーク
の中でも、このデザインは瀬戸大橋が
開業した年に登場した2代目。足摺岬
とビロウアコウという椿の花がカラフル
に描かれています。

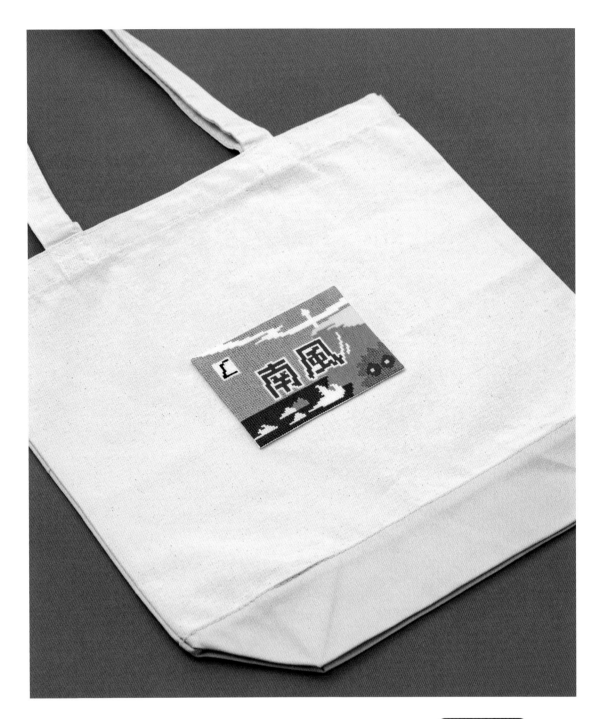

WORKS 07

南風ワッペン

図案と作り方 ➡ P66

特急南風号のヘッドマークを刺繍し、ワッペンに仕立てて貼れば、自分だけのオリジナルバッグに。特急列車の顔をイメージし、ワッペンをバッグの中央に配置しています。

はとタペストリー

図案と作り方 ➡ P67

東京～大阪間を結ぶ東海道本線の特
急として活躍した特急はと号。特急つ
ばめ号の姉妹列車としても人気を集め
ました。青い地色に真っ白なはとのシル
エットが映えます。

しおさいタペストリー

図案と作り方 ➡ P68

東京〜成東・銚子間を結ぶ、特急しおさい号。水
しぶきをあげる波と澄み渡った空をブルーの濃淡
で表現。タペストリーにつけたグリーンのタッセル
がさわやかな印象を与えます。

WORKS 10

やまばと タペストリー

図案と作り方 ➡ P69

上野〜山形間を結ぶ特急列車として活躍した特急やまばと号。絵入りのヘッドマークが採用されたのは昭和53年。青空にはばたくヤマバトと木々が鮮やかに描かれています。

やまばとクッション

図案と作り方 ➡ P69

P28のタペストリーと同じ図案を、6カウント
の布に刺繍することでクッションサイズに。無
地や同系色のクッションと組み合わせれば、さ
まざまなテイストのお部屋になじみます。

WORKS 12

鳥海タペストリー

図案と作り方 ➡ P70

山形県と秋田県の境にそびえる鳥海山が愛称の由来。遠くにある山の遠近感や立体感が絶妙に描かれています。サイズが小さいので、ワッペンに仕立ててバッグにつけても素敵です。

WORKS 13

ライラックタペストリー

図案と作り方 ━━ P71

781系特急ライラック号の初代デザイン。北海道に初
夏の訪れを告げるライラックの花が描かれています。小
さくデザインされた「イ」の文字のバランスも秀逸です。

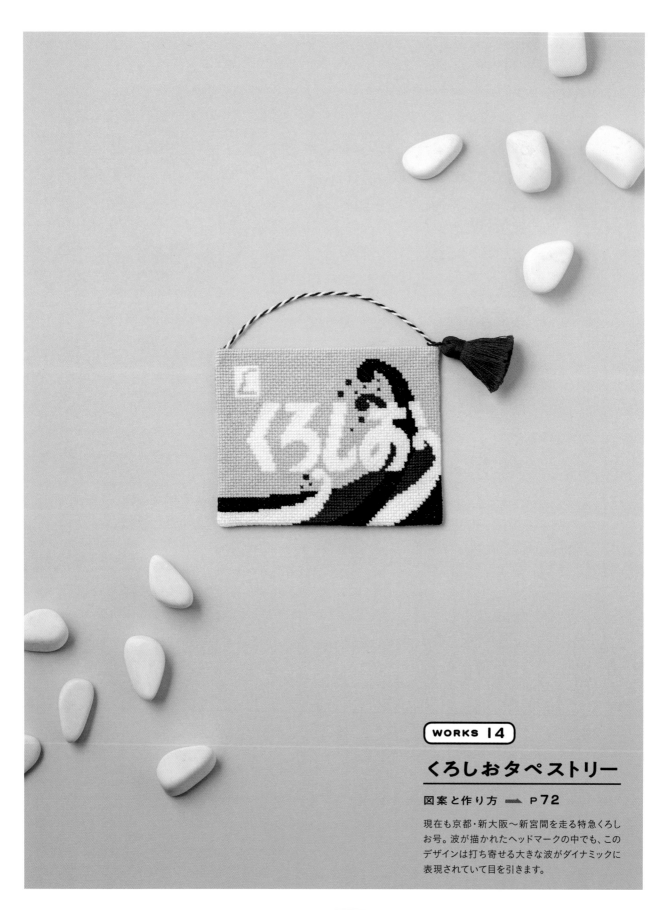

WORKS 14

くろしおタペストリー

図案と作り方 ➡ P72

現在も京都・新大阪〜新宮間を走る特急くろし
お号。波が描かれたヘッドマークの中でも、この
デザインは打ち寄せる大きな波がダイナミックに
表現されていて目を引きます。

ひたちタペストリー

図案と作り方　　P73

485系の高運転台タイプに使用されたヘッドマーク。茨城県の名所、水戸の偕楽園に咲き誇る梅の花が描かれた和モダンなデザイン。梅の花に合わせた赤いタッセルが華やかな印象を添えてくれます。

みずほタペストリー

図案と作り方 ➡ P74

東京〜熊本・長崎間を結ぶブルートレインとして活躍した寝台特急みずほ号。愛称は、瑞穂の国（日本の美称）に由来。青と赤のヘッドマークは、最終運転用に作られたもの。

図案と作り方 ➡ P74

カラーバリエーションが豊富な寝台特急
みずほ号のヘッドマークも、刺繍糸の色
を替えることで再現することができます。

WORKS 17

むつタペストリー

図案と作り方 —— P75

「むつ」の文字が読めるギリギリまでデフォルメし、一番小さいタペストリーは切手くらいのサイズに。シンプルながら、りんごに雪山の頂が透過した遊び心のあるデザインです。

WORKS 18

いなほ タペストリー

図案と作り方 ➡ P76

たわわに実った稲穂と、あぜ道で区切られた
田んぼが描かれた特急いなほ号のヘッドマー
ク。「L」のマークが右下にあるのも特徴。鮮
やかな青のタッセルが引き締め役に。

WORKS 19

出雲タペストリー

図案と作り方 ⟶ P77

神話の国、出雲と東京を結んだ寝台特急出雲号。ヘッドマークは、神社の鳥居を思わせる鮮やかな朱色に、躍動感のある白い雲が描かれた、どこか神秘的なデザインです。

WORKS 20

189系ワッペン

図案と作り方 ➡ P78

国鉄色の189系に、デフォルメした特急あずさ号のヘッドマークをつけたワッペン。ヘッドマーク部分の色を変えて、特急かいじ号や特急あさま号にアレンジするのもアリ！

WORKS 21

あずさワッペン

図案と作り方 ➡ P78

名前の由来は、北アルプスのふもとを流れる長野県を代表する川の一つ、梓川。その名のとおり、ヘッドマークには北アルプスの山々と、水面に陽光が輝く梓川が抽象的に描かれています。

シンプルなリュックをワッペンでリメイク。
189系ワッペンはフラップに、あずさワッ
ペンは本体につけるのが好バランス！

WORKS 22

さくらタペストリー

図案と作り方 ➡ P79

東京〜長崎・佐世保間を結ぶブルートレインだった寝台特急さくら号。ヘッドマークは、大きな桜の花びらの中に、力強い書体で書かれた「さくら」の文字が印象的。

時代やエリアごとにさまざまなデ
ザインが作られた「さくら」のヘッ
ドマーク。刺繍糸の配色をかえる
ことで3タイプが作れます。

材料と道具

本書で使う材料と道具をご紹介。その使い方や選び方を知って、自分に合った道具を見つけましょう。P45の「その他の材料と道具」は、作品の仕上げ方に合わせて用意してください。

➡ クロスステッチに必要な材料と道具

クロスステッチをはじめる前に、そろえておきたい材料や道具をご紹介。道具は、手持ちの使いやすいもので代用してもOKです。

布目を数えやすい布

針を入れる位置がわかりやすいように、すき間をあけて格子状に織られたクロスステッチ専用の布。本書では、DMCのアイーダ18、14、6カウントを使用。

DMCアイーダ／18カウント
10cm四方に70×70目

DMCアイーダ／14カウント
10cm四方に55×55目

DMCアイーダ／6カウント
10cm四方に24×24目

抜きキャンバス

ブルーのライン入りで布目が数えやすい抜きキャンバス。あらゆる布にクロスステッチができるので、ニットやデニムなど、布目の数えにくい布に刺すときに便利。

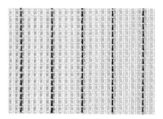

DMC抜きキャンバス／14カウント
10cm四方に55×55目

※布の写真は実物大です。

刺繍糸

一般的によく使われるのが25番の刺繍糸。細い糸が6本より合わされているので、1本ずつ引き抜き、必要な本数をそろえて使用。色はラベルの番号で区別する。

DMC 25番刺繍糸

針

刺繍用の針は、刺繍糸が通しやすいように針穴が大きいのが特徴。クロスステッチ用の布に刺す場合は、先が丸くなったクロスステッチ針やタペストリー針を使用する。

左：DMCクロスステッチ針／サイズ24
右：DMCタペストリー針／サイズ18-22

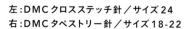

24号 ｜ 18号

※本書で使用する針

刺繍枠

布をピンと張ることで刺繍がしやすく、縫いつれやヨレを防ぐ。サイズは図案の大きさに合わせて選ぶ。

はさみ

糸切り、布用、紙用を用途に合わせて使い分ける。紙用は型紙やタッセルを作るときに使用。

布用マーカー

布に印をつけるときに使用する、水で消せる布用マーカー。時間が経つと自然に消えるタイプもある。

糸通し

針に糸を通すとき、あると便利なグッズ。針金を針穴に通し、糸を通して針金を引き抜くことで楽に糸が通せる。

→ その他の材料と道具

抜きキャンバスを使ったり、刺繍した布をタペストリーや雑貨に仕立てたりするときに必要な材料と道具をご紹介します。

接着芯
タペストリーやワッペンを仕立てるとき、アイロンで刺繍した布の裏側に貼り、布に張りを出す（P49参照）。

布
タペストリーの裏地にしたり、ポーチやバッグを作ったりするときに使用。厚みは薄手から中肉がおすすめ。

定規
布の分量や指定のサイズをはかったり、線を引いたりするときに使用。サイズをはかるときはメジャーで代用可。

縫い糸
手縫いをするときに使う糸。番手（糸の太さ）は、40番か50番があれば、ほとんどの布に対応できる。

まち針、縫い針
まち針は布や型紙を重ねてとめるときに使い、縫い針は布を縫い合わせたり、しつけをしたりするときに使う。

接着剤
布用は布やレザーを貼り合わせるときに使い、多用途はレザーにブローチ金具をつけるときに使う。

目打ち
布の角を出す、形を整える、糸をほどくなど、細かい作業に役立つ。タッセルの房をほぐすときにも使用する。

毛抜き
指先では抜けない、抜きキャンバスの織り糸を抜くときに使用。先の曲がったピンセットでも代用できる。

しつけ糸
布に抜きキャンバスをしつけ（仮縫い）するときに使う木綿糸。やわらかく、手で簡単に切ることができる。

セロハンテープ
よりひもを作るとき、糸を固定するために使用。はがすときに机の表面がはがれる場合があるので注意して。

コピー用紙、厚紙
タッセルを作るとき、糸巻きにしたり、房を切りそろえたりするときに使用。コピー用紙は型紙づくりにも必要。

ブローチ金具
刺繍した布をブローチに仕上げるときに必要なパーツ。P12のブローチには、幅20mmのブローチ金具を使用。

レザー
表面に凹凸のないカットレザー。ブローチの土台やP36の「むつ」タペストリー（小）の裏面に使用する。

がま口 口金
ポーチ本体を接着剤と紙ひもで差し込むタイプの口金。本書では100円ショップ「Seria」の10cm角型を使用。

ペンチ
がま口ポーチの口金の端をつぶして固定するときに使用する工具。先端が細くまっすぐのものが使いやすい。

スチレンボード
ファブリックパネルを作るときに使用する粒子の細かい発砲スチロール。100円ショップなどで購入できる。

虫ピン
頭部分に装飾のない細いピン。スチレンボードに張った布をとめるときに使用。シルクピンでも代用できる。

マスキングテープ
タッセルの房を切りそろえるときに紙をとめたり、ファブリックパネルの折り代の始末をしたりするときに使用。

手芸用わた
クッションをふくらませるために詰め込む手芸用のわた。100円ショップや手芸店などで購入できる。

基本の作り方

基本の刺し方や作品の仕上げ方をご紹介。クロスステッチの針の進め方には種類がありますが、これが正解という決まりはないので、自分に合った進め方を見つけましょう。

➡ クロスステッチの刺し方

クロスステッチは、マスの中に「／」と「＼」の針目を重ねて「×」になるように刺します。図では布目をすくって刺していますが、糸を引きすぎると縫い目がつぶれてしまうので、まず針を表に引き出し、次に裏へ引き抜くというように、ひと針ずつ刺すときれいに刺せます。

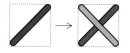

糸の重ね方

クロスステッチは上になる糸の向き（／か＼のどちらか）をすべてそろえて刺すことが原則です。ここでは＼が上にくるように刺しています。／と＼の糸の色をかえていますが、実際は同じ色の糸で刺します。

クロスステッチの基本

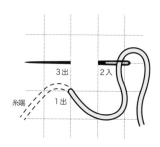
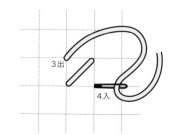
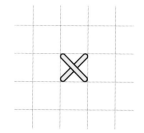

1目ずつ刺しながら進む

横方向に進む

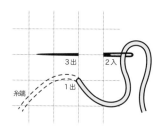
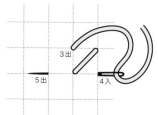
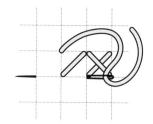
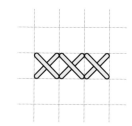

❶ 左下から針を出し、右上に入れて左上から出す。

❷ 右下に針を入れ、左隣の布目の左下から出す。

❸ 2〜5の手順で1針ずつ刺していく。

❹ でき上がり。続けて左上、左下に進む場合も、同様に1目ずつ「×」を作っていきます。

縦方向に進む

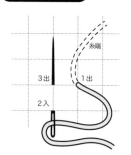
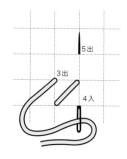
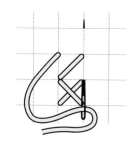
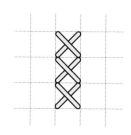

❶ 右上から針を出し、左下に入れて左上から出す。

❷ 右下に針を入れ、上の布目の右上から出す。

❸ 2〜5の手順で1針ずつ刺していく。

❹ でき上がり。続けて左上、右上に進む場合も、同様に1目ずつ「×」を作っていきます。

横方向に往復して刺す

左から刺しはじめる

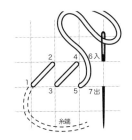

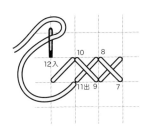

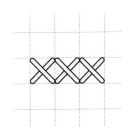

❶ 左下から針を出し、右上に入れて右下から出す。これを繰り返し、1〜7の順で図案の目数に合わせて刺していく。

❷ 右端まで刺したら、右下から針を出し、左上に入れて左下から出す。これを繰り返し、刺しはじめの位置まで戻る。

❸ これで1列が完成。

右から刺しはじめる

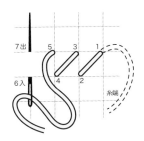

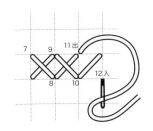

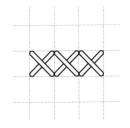

❶ 右上から針を出し、左下に入れて左上から出す。これを繰り返し、1〜7の順で図案の目数に合わせて刺していく。

❷ 左端まで刺したら、左上から針を出し、右下に入れて右上から出す。これを繰り返し、刺しはじめの位置まで戻る。

❸ これで1列が完成。

縦方向に往復して刺す

上から刺しはじめる

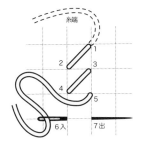

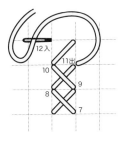

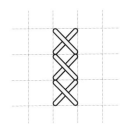

❶ 右上から針を出し、左下に入れて右下から出す。これを繰り返し、1〜7の順で図案の目数に合わせて刺していく。

❷ 下まで刺したら、右下から針を出し、左上に入れて右上から出す。これを繰り返し、刺しはじめの位置まで戻る。

❸ これで1列が完成。

下から刺しはじめる

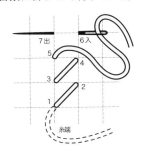

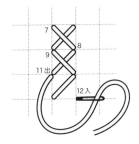

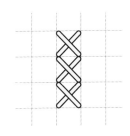

❶ 左下から針を出し、右上に入れて左上から出す。これを繰り返し、1〜7の順で図案の目数に合わせて刺していく。

❷ 上まで刺したら、左上から針を出し、右下に入れて左下から出す。これを繰り返し、刺しはじめの位置まで戻る。

❸ これで1列が完成。

刺しはじめの始末

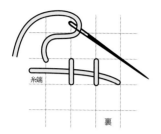

玉結びはせず、刺しはじめの糸を3cmくらい残し、針を裏から表に引き出すときに巻き包む。3〜4針巻き包むと抜けなくなるので、余分な糸端をカットする。

刺し終わりの始末

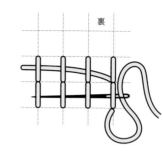

玉どめはせず、裏に渡らせた糸にくぐらせて余分な糸端をカットする。新しい糸にかえるときも、裏に渡らせた糸にくぐらせてから刺しはじめる。

バックステッチ
（本返し縫い）

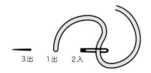

❶ 1から針を出し、手前の2に入れ、1〜2と同じ間隔をあけて3から出す。

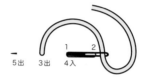

❷ 4は1と同じ針穴に入れ、3〜4と同じ間隔をあけて5から出す。

❸ ①〜②を繰り返す。

ストレートステッチ

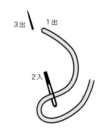

❶ 1から針を出し、2に入れて3から出す。

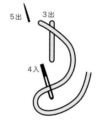

❷ 4に針を入れて5に出す。

❸ ①〜②を繰り返す。

まつり縫い（普通まつり）

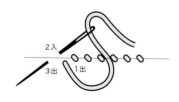

1から針を出し、2で布を少しすくって3から出す。1〜3を繰り返す。

巻きかがり

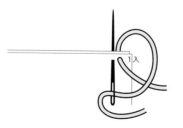

❶ 1に針を入れ、裏に出す。

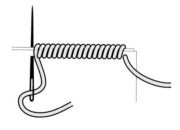

❷ ①を繰り返す。

→ ワッペンの作り方

角は額縁仕立て

角の始末（額縁仕立て）

① 裏 表　② 裏 表　③ 裏 表

刺繍した布の裏面に、仕上がりサイズにカットした接着芯（極厚）を貼る（下の「接着芯の貼り方」参照）。1cmの折り代をつけて布をカットし、裏面に折り込んで布用接着剤で貼りつける。角は額縁仕立てにする。

→ ワッペン（縁あり）の作り方

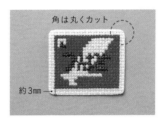

角は丸くカット

約3mm→

❶ 刺繍した布の裏面に、刺繍よりひとまわり大きくカットした接着芯（極厚）を貼る（下の「接着芯の貼り方」参照）。

❷ 刺繍のまわりの布を3mmに切りそろえる。角は丸くカットする。

❸ 刺繍のまわりを巻きかがる（P48参照）。

→ ブローチの作り方

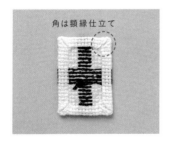

角は額縁仕立て

❶ 刺繍した布のまわりに5mmの折り代をつけてカットし、裏面に折り込んで布用接着剤で貼りつける。角は額縁仕立てにする（上の「角の始末」参照）。

❷ レザーを仕上がりサイズより少し小さめにカットする。

❸ ①の裏面に布用接着剤で②を貼りつけ、多用途接着剤でブローチ金具をつける。

接着芯の貼り方

接着芯は、刺繍した布に張りを持たせ、補強したり、形崩れを防いだりするために貼ります。

下から、アイロン台、タオル、刺繍した布（裏面が上）、接着芯（ザラザラした面が下）、あて布の順で重ねる。

中温のアイロンを1か所10秒くらい押し当てる。アイロンはすべらせず、少しずつ位置をずらしていく。

タペストリー（長方形）の作り方

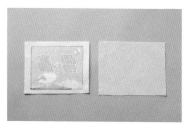

❶ 刺繍した布の裏面に、仕上がりサイズにカットした接着芯（極厚）を貼る（P49参照）。縫い代を1.5cmつけて裏地をカットする。

返し口

❷ 刺繍した布と裏地を中表に合わせ、返し口を残して縫い合わせる。

❸ 縫い代を1cmに切りそろえる。

❹ 表に返す。

❺ タッセルとよりひもを作る（P52参照）。

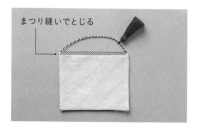

まつり縫いでとじる

❻ タッセルによりひもを通す。よりひもを返し口にはさみ、まつり縫いで返し口をとじる。

 タペストリー（丸）の作り方

❶ 刺繍した布の裏面に、刺繍よりひとまわり大きくカットした接着芯（薄手）を貼る（P49参照）。縫い代を1.5cmつけて裏地をカットする。

返し口6cm

タッセルつけ位置3cm

❷ 刺繍した布と裏地を中表に合わせ、返し口6cmとタッセルつけ位置3cmを残して縫い合わせる。

❸ 縫い代を1cmに切りそろえる。

❹ 表に返す。

❺ タッセルとよりひもを作る（P52参照）。

まつり縫いでとじる

❻ タッセルはタッセルつけ位置、よりひもは返し口にはさみ、それぞれまつり縫いでとじる。

⮕ ファブリックパネルの作り方

❶ 刺繍した布のまわりに3cmの折り代をつけてカットする。スチレンボードは仕上がりサイズにカットする。

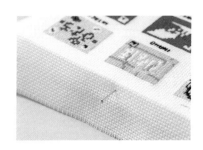

❷ 刺繍した布の中央にスチレンボードを合わせ、布を張りながら上下を虫ピンでとめる。

❸ 布を張りながら左右を虫ピンでとめる。写真の番号順に数ヵ所虫ピンでとめていく。

❹ 角は折りたたみ、虫ピンでとめる。

❺ 余分な布をマスキングテープで裏面に貼りつける。

⮕ 抜きキャンバスの使い方

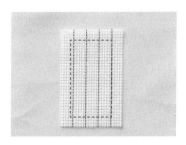

❶ 抜きキャンバスを図案より大きめにカットし、しつけ糸で仮どめする。

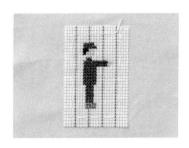

❷ 上から刺繍をする。

❸ しつけ糸をはずし、刺繍したまわりの織り糸を手で抜いていく。刺繍した部分は抜きにくいので、毛抜きを使って抜く。

❹ すべての織り糸を抜くと刺繍だけが残る。

⮕ 仕上げのアイロンのかけ方

❶ 縫い目がつぶれないように、アイロン台の上にタオルを敷く。布用マーカーで印をつけている場合は霧吹きをして消す。裏を上にして布目に沿ってアイロンをかける。

❷ 表に返し、表面をそっとなぞるようにアイロンをかけ、針目を整える。

➡ タッセルの作り方

タペストリーのワンポイントになるタッセル。
房に糸のクセがついていたら、霧吹きをして
コームでとかすときれいに仕上がります。

❶ 厚紙を指定のサイズにカットする。

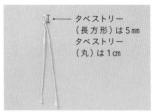
タペストリー（長方形）は5mm
タペストリー（丸）は1cm

❷ 糸を15cmくらいにカットし、2つに折って結ぶ。

❸ ①の厚紙に②の糸を1本のせ、上から新しい糸を指定の回数巻きつける。

❹ 厚紙をはずし、②の糸を固結びにする。

❺ 輪になった部分にはさみを入れてカットする。

❻ 新しい糸を15cmくらいにカットし、房の上側に輪ができるようにして3周巻く。

❼ 巻きつけた糸の端を⑥でできた輪に入れて糸を引く。

カット

❽ 余分な糸をカットする。房と同じ色の糸を巻く場合は、上の糸だけカットし、下の糸は房になじませる。

カット

❾ 房に3〜4cm×房の長さにカットした紙を巻き、マスキングテープでとめる。糸端を切りそろえ、紙をはずす。

❿ 目打ちを使って糸をほぐす。

➡ よりひもの作り方

2本の糸をねじって作るよりひも。市販のひもでも代用できますが、自分で作れば、好みの色にアレンジすることができます。

❶ 6本どりの刺繍糸2本を指定の長さにカットし、糸端を合わせて結ぶ。結び目をセロハンテープで机に貼り、しっかり固定する。

❷ 1本の糸を左方向にねじる。

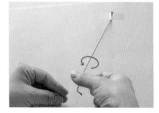

❸ ②の糸を左手の中指と薬指にはさんで持ち、もう1本の糸も左方向にねじる。

❹ 2本の糸を合わせ、右方向にねじる。

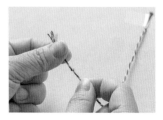

❺ ほどけないように糸端をしっかり結ぶ。

Q & A

初心者でも簡単で挑戦しやすいクロスステッチですが、最初はいろいろ疑問が出てくるはず。
そこで、みなさんが気になるクロスステッチの用語やルールをお教えします。

Q1. カウントって何？

A. カウントとは布目の大きさの単位で、1インチ（約2.54㎝）に織り目（マス目）がいくつあるかを表しています。18カウントは、約2.5㎝に18目入っているという意味です。数が大きいほど、布目が細かくなります。

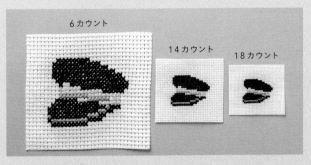

同じ図案でも、カウントの違いによって仕上がりサイズが違ってきます。本書では、6カウントを8本どり、14カウントを3本どり、18カウントを2本どりの刺繍糸で刺しています。

上から、18カウントの布に刺したタペストリーと、6カウントの布に刺したクッション（P28、29参照）。仕上がりサイズの違いが見て取れます。

Q2. 刺繍糸「○本どり」って何？

A. 刺繍糸は6本の細い糸がより合わさっていて、1本ずつ引き抜いてから、指定の本数を合わせて使います。この指定の本数を「○本どり」と表し、「2本どり」の場合、細い糸を2本合わせて使います。

左から、14カウントの布に1本どり、2本どり、3本どりの糸で刺した状態。糸の本数によって仕上がりの雰囲気が変わります。

Q3. どこから刺すの？

A. 図案の中心から刺しはじめます。クロスステッチの図案には、縦と横の真ん中に印が入っていて、印が交差するところが図案の中心です。角から刺しはじめると、布が足りなくなる可能性がありますが、布の余白を計算できていれば、どこから刺してもOKです。

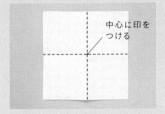

布を四つ折りにして、縦と横の折り目が交差するところが布の中心です。布用マーカーで軽く印をつけておきましょう。

印つけは、アイロンの熱で消えるボールペンでも代用できます。ただし-10℃以下で色が戻るので、目立たないところに使うのが無難です。

Q4. 刺繍枠は使ったほうがいい？

A. 使わなくても刺繍はできますが、刺繍枠を使うことで、布がよれたり、針目がつぶれたりするのを防げます。本書で使用している布（DMCのアイーダ）は、生地に張りがあり、斜めに伸びにくいので、刺繍枠を使わなくてもきれいに刺すことができます。

刺繍枠の使い方

❶布につけた印が中心にくるように刺繍枠をセットし、布目がゆがまないようにまわりの布を均等に引く。

❷「刺繍枠のネジをドライバーで締める→布のまわりを引く」を繰り返し、布をしっかり張る。

鉄道クロスステッチの楽しみ方

鉄道好きで、スハネフ作品のファンでもある鈴川絢子さん、古今亭駒治師匠、南田裕介さん。
作品の魅力や、日頃どのようにコーディネートに取り入れているかについてお話を伺い、
鈴川さんには、著者と一緒にクロスステッチのワッペンを作る体験もしていただきました。

CASE 01

子どもと一緒に楽しめる鉄道趣味を追求する鉄道YouTuber

鈴川絢子 さんの場合

AYAKO SUZUKAWA

お子さんの名前と同じ
「ひたち」のヘッドマー
ク。でき上がった作品
とともに記念の一枚。

PROFILE ▬▬ 鈴川絢子

千葉県出身、吉本興業所属。男の子2人の母として、親子で
楽しめる鉄道スポットなどを紹介するYouTubeチャンネル
が人気で、ママ鉄たちから信頼を集める。著書に『鈴川絢子
とちっくんの東京電車さんぽ』(JTBパブリッシング刊)など。

ブローチに仕上げても
かわいいですね

P16のファブリックパネルから抜
粋した「ひたち」。P33のタペスト
リーから、表現できるギリギリま
でデフォルメ。図案はP62参照。

刺繍糸、布、接着芯、はさみ、刺繍枠など、
クロスステッチに必要な材料と道具。ドラ
イバーは布を刺繍枠にしっかり張るときに
あると便利です。

初心者でも気軽にはじめられて無心になれる時間

　次男が生まれるまでは、たまにティッシュケースなどの小物を作ったりしていて、クロスステッチも少しやったことがありますが、基本から教えてもらうのは初めてです。以前からスハネフ作品のファンだったので、このような機会に恵まれてうれしいです！

　今回、私が挑戦したのは「特急ひたち号」のミニワッペンです。以前、鞍田さん（著者・スハネフ）のインスタでタペストリーの受注販売を行うという投稿を見かけて、すぐにひたちタペストリーをオーダーさせていただいたことがあるのですが、今回はそのミニ版が作れると聞いて楽しみにしていました。

　まずは布を刺繍枠にセットすることからスタート。クロスステッチは刺繍枠がなくても刺せますが、あったほうが断然刺しやすいそうです。このミニワッペンは、刺繍枠を使わずに刺せば少しの布で作れるので、余った布の有効活用にもなりますね。

　使用する布はアイーダの14カウントなので、刺繍糸3本どりで刺していきます。刺繍糸を抜き出すときは、まとめて選り分けようとするとからまってしまうので、面倒でも1本ずつ上に引き出し、糸端をそろえて刺しましょう。

　刺しはじめは布の中心からが基本だそうですが、最初に布目を数えてでき上がりの位置に印をつけておいたので、左上から縦に刺していくことにしました。水色の部分を先に埋めて、あとから文字や花の部分を刺し、裏やまわりを始末して完成です（P49参照）。

　慣れないと糸を引く力の加減がむずかしいですが、「縫い目が一定にそろっていてキレイ！」とお褒めの言葉をいただきました。オーダーした大きいタペストリーもかわいかったけど、小さいワッペンも本当にかわいいです！　家に帰ったら、長男「ひたち」の持ち物につけたいと思います。次男が幼稚園に入ったらもう少し時間ができるので、この本を見ながらほかの作品にも挑戦してみたいです。

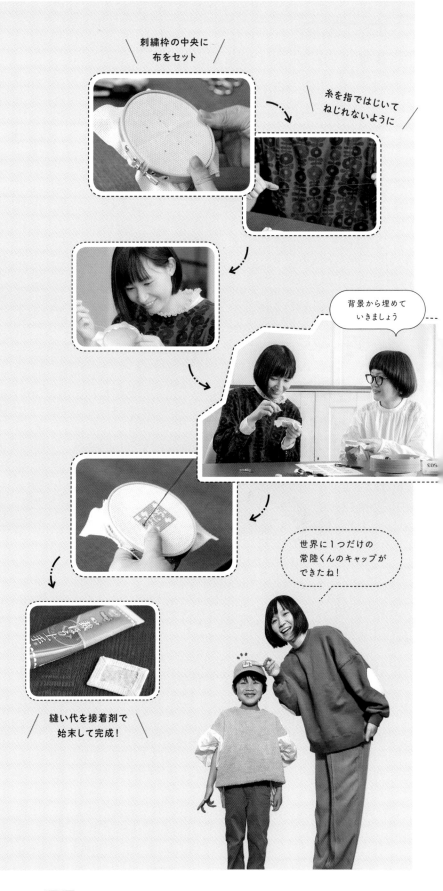

刺繍枠の中央に布をセット

糸を指ではじいてねじれないように

背景から埋めていきましょう

世界に1つだけの常陸くんのキャップができたね！

縫い代を接着剤で始末して完成！

鉄道好きで知られる実力派落語家

古今亭駒治 師匠の場合

KOKONTEI KOMAJI

落語家といえばいなせな着物の着こなし。師匠の紋はなんと初代東急5000系の通称「青がえる」。スマートなかわいらしさが光る。

→ 以前、著者がプレゼントした名入りのタペストリー。流れるような字体もドットで表現し、レトロな東海道新幹線100系と合わせている。

→ 著者が取材のおみやげにとプレゼントしたのは、東北新幹線200系のピクトグラムの刺繍をあしらったがま口の小物入れ。

→ 「むつ」と「試運転」のブローチ。わたを入れて立体感をもたせた「むつ」は、シンプルなリュックに温かみのあるワンポイントとして。

→ ヘッドマークがプリントされた布を使って作った草履入れ。気に入って長年愛用している。

→ 以前、師匠が手作りした羊毛フェルト作品、駅員くんと車両たち（車両は落語協会の謝楽祭にて即完売）。

PROFILE → 古今亭駒治

1978年東京生まれの落語家。2003年、古今亭志ん駒に入門。2018年、志ん駒逝去のため古今亭志ん橋に入門。同年秋に真打昇進。自ら創作する新作落語を演じ、各ジャンルのファンを爆笑に誘う。好きな鉄道まわりを題材にしたネタも多く、出囃子は鉄道唱歌。

多趣味で何でも粋にこなす師匠、手芸男子の一面も！？

　もともと絵を描いたり作曲したり、噺のネタにもするのでさまざまなことに挑戦しますが、手芸にハマっていた時期があって、この草履入れ（上の写真）とか身のまわりで使うものを作ったり、一番簡単な編み方でマフラーを作ってみたり、羊毛フェルトや編み物をやっていたんです。鞍田さん（著者・スハネフ）に出会った時期と、その時期が重なっていたのでいっ

そう興味が湧いて。鉄道グッズって子ども向けだったりちょっとオタク度が高かったりして、大人が普段の生活に取り入れられる、かわいいと思えるものがあまりない。そんな中で鞍田さんの作品に出合い、「おお、これはいいぞ！」と一目惚れしました。
　海外では編み物はむしろ男性の嗜みですよね。単純に日本では手芸や刺繍のモチーフがお花柄だったり、男性がとっつき

にくかったりする題材がメジャーになっているだけで、こういう鉄道モチーフがあれば、老若男女問わず、じっくりチャレンジできるんじゃないですかね。自分で図案に起こせさえすれば、なんでもモチーフにできますし、特に鉄道ファンの方は好きなヘッドマークであったり、こだわりが絶対あるから、凝る人は楽しく凝ることができるのではないでしょうか。

標識モチーフはどんな
仕事にも合わせやすい！

芸能事務所のマネージャーにして
今や鉄道ファンの代表的存在

南田裕介 さんの場合

MINAMIDA YŪSUKE

2013.3.31
さようなら
138年間ありがとう
JR貨物
梅田駅

➡ ものを失くしやすいので、いただい
たピンバッジは 2013 年に廃止となっ
た JR 貨物の梅田駅の飴缶に入れて保
管しているそう。

あたたかみのある標
識ブローチを見たとき、
「これだ！」と思ったと
いう。ネクタイと架線
終端標の赤が主張しす
ぎず、なじんでくれる。

➡ 鉄道標識のピンバッジたち。左
からデッドセクション・架線終端
標・車止標識だが、知らない人が
見ても模様として面白みがある。

➡ マスクにクロスステッチで「テ
ツ」なワンポイントをあしらって、
テンションも上々。わかる人をク
スっとさせちゃおう。

PROFILE ➡ 南田裕介

『タモリ倶楽部』の鉄道企画など、鉄道界隈で知らない人はいないほ
ど有名な芸能事務所・ホリプロの名物マネージャー。愛する鉄道を
前にすると止まらなくなるマシンガントークで、各所から愛されている。

テーマカラーの「赤」は標識で取り入れる！（笑）

　鞍田さん（著者・スハネフ）とはイベン
ト列車の中で出会い、鉄道標識のアクセ
サリーを見せてもらった際に「こんな標識
もあったらどう？」という話になり、その後、
「架線終端標」のブローチ（上の写真で
つけているもの）を頂戴し、愛用しています。
もともとカープファンなので赤が好きでし
たが、『笑神様は突然に…』という TV 番
組に赤いネクタイで出たところ、プロデュー
サーの方に「赤が似合うね」とお褒めいた
だき、すごくうれしくて。以降、差し色で入
れています。特に赤いネクタイに赤い標識
が合わせやすいんですよ。標識は鉄道各社
共通なので、どんなお仕事にもなじみますし。
　鞍田さんは鉄道要素を刺繍に落とし込
む際の、独自のデザイン要素や配色のセ
ンスが素晴らしい。鉄道ファンは、列車
の歴史背景や走行区間で勝手に甲乙を
つけてしまいがちなので、ヘッドマークと
して一律、平等に扱っている時点ですご
い（笑）。私ではまず思いつかない発想で
す。海・山・鳥セットといった縛りのヘッ
ドマークや、東京駅・東北新幹線の列車
停止目標群など、今後やってほしいモチー
フはまだまだたくさんあります！ おかんが
昔から刺繍をやるんですよ。この本を送っ
てあげたら作れるかもなあ。

827
813
824
823
598
907
910
307
740
436
434
666
415
318
414
950
BLANC（白）
310

バックステッチ
414
310

ストレートステッチ
310

ファブリックパネル → P6、10、11、16

[材料]

糸：DMC25番刺繍糸／すべて2本どり
布：DMCアイーダ／18カウント（白）
スチレンボード、虫ピン、マスキングテープ

[作り方]

1 布にクロスステッチをする。

2 ファブリックパネルに仕立てる（P51参照）。

[仕上がりサイズ]
縦18.5×横14×厚さ1cm

[仕上がりサイズ]
縦16×横14×厚さ1cm

がま口ポーチ → P8

[仕上がりサイズ]
縦14×横14.5cm

[材料]

糸：DMC25番刺繍糸／すべて2本どり
DMC抜きキャンバス14カウント
表布、内布、がま口 口金10cm角型（Seria）

[作り方]

1 抜きキャンバスを使って表布に
クロスステッチをし（P51参照）、
表布と内布を型紙に合わせて裁
つ。

2 ダーツを縫う。

3 表布と内布をそれぞれ中表に合
わせ、あき止まりからあき止まり
まで縫う。

4 表布を表に返し、内布を表布の
中に入れる。

5 表布と内布の縫い代を内側に折
り込み、まつり縫いで縫い合わ
せる。

6 口金の溝に少量の布用接着剤
を流し込み、目打ちを使って口金
の溝に**5**と紙ひもを押し込む。

7 傷がつかないようにあて布をし、
口金の両端をペンチでつぶす。

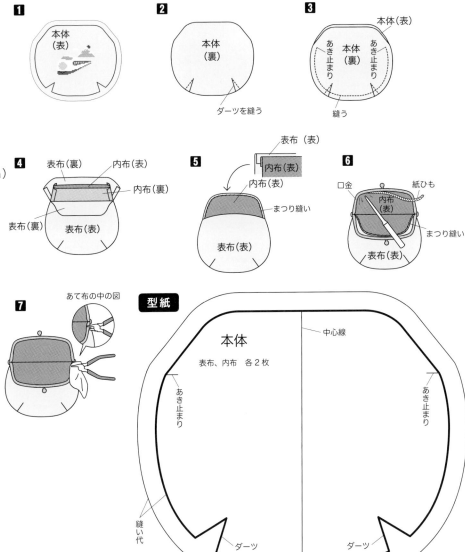

200%に拡大して使用

✚	910
★	307
∧	666
＝	414
☆	BLANC（白）
◉	310

1	車止標識	**7**	踏切警報機
2	速度制限標識	**8**	架線終端標
3	速度制限解除標	**9**	列車停止標識
4	新幹線のりば案内	**10**	車両停止標識
5	信号機	**11**	非常停止ボタン標
6	ブレーキ標識	**12**	踏切警戒標識

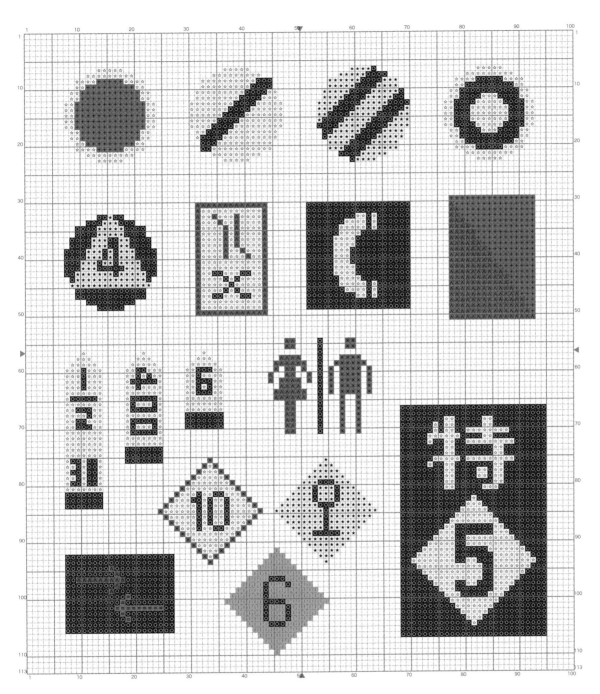

✖	824
➕	910
★	307
Ⅰ	740
⋀	666
＝	414
☆	BLANC（白）
ⓞ	310

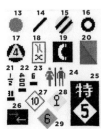

13 徐行解除信号機	**19** 公衆電話案内
14 だ行標（片面）	**20** 通停確認位置標
15 だ行標（交流用）	**21** 距離標
16 カ行標	**22** 曲線標
17 信号喚呼位置標	**23** 距離標
18 セクションゾーン表示標	**24** トイレ案内

25 特急用停止目標
26 踏切警報機
27 停止目標
28 軌道回路境界位置目標
29 列車停止目標（新幹線）

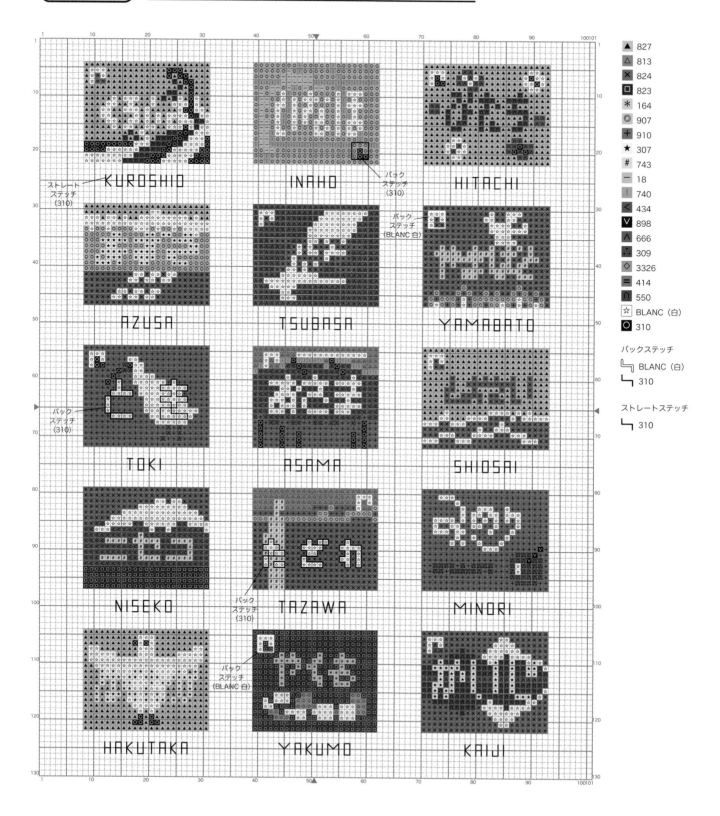

	827
▲	827
△	813
✕	824
❑	823
✳	164
◎	907
✛	910
★	307
#	743
−	18
❙	740
◁	434
Ⅴ	898
⋀	666
⋮	309
◇	3326
＝	414
∩	550
☆	BLANC（白）
Ｏ	310

バックステッチ
⌐ BLANC（白）
∟ 310

ストレートステッチ
∟ 310

KUROSHIO

INAHO

ストレート
ステッチ
(310)

バック
ステッチ
(310)

HITACHI

AZUSA

TSUBASA

バック
ステッチ
(BLANC 白)

YAMABATO

TOKI

ASAMA

SHIOSAI

バック
ステッチ
(310)

NISEKO

TAZAWA

バック
ステッチ
(310)

MINORI

HAKUTAKA

YAKUMO

バック
ステッチ
(BLANC 白)

KAIJI

布バッグの作り方 → P18

[仕上がりサイズ]
縦18×横17.5cm、持ち手18cm

[材料]

糸：DMC25番刺繍糸／すべて2本どり
布：表布（コットン）、内布（コットン）
DMC抜きキャンバス／14カウント

[作り方]

1 持ち手を中表に2つ折りにし、縫い代1cmで脇を縫って表に返す。

2 抜きキャンバスを使って表布にクロスステッチをし（P51参照）、持ち手を仮どめする。

3 **2**を中表に2つ折りにして脇を縫い、縫い代を割って表に返す。

4 内布を中表に2つ折りにする。返し口を残して脇を縫い、縫い代を割る。

5 内袋に表袋を入れて入れ口を縫い合わせ、表に返して返し口をまつる。

製図（縫い代込み）

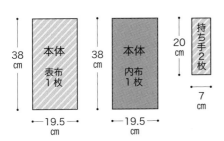

本体
表布
1枚

38cm
←19.5cm→

本体
内布
1枚

38cm
←19.5cm→

持ち手2枚
20cm
7cm

1 持ち手を作る

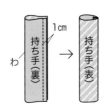

1cm
わ
持ち手（裏） → 持ち手（表）

2 表布に持ち手を仮どめする

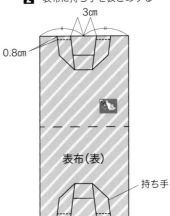

3cm
0.8cm
表布（表）
持ち手

3 表袋を縫う

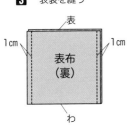

1cm
1cm
表布（裏）
わ

4 内袋を縫う

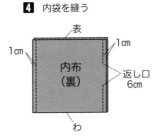

1cm
1cm
内布（裏）
返し口6cm
わ

5 表袋と内袋を縫い合わせて表に返し、返し口をまつる

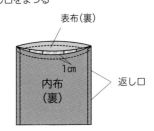

表布（裏）
1cm
内布（裏）
返し口

雷鳥タペストリー → P22

[仕上がりサイズ]
縦8.3×横10.3㎝（本体部分）

[材料]

糸：DMC25番刺繍糸／すべて2本どり

布：DMCアイーダ／18カウント（白）

裏地用布、接着芯（極厚）

[作り方]

1 布にクロスステッチをし、裏に接着芯を貼る（P49参照）。

2 タッセルを作る（P52参照）。厚紙は4×4㎝にカット。巻く回数はDMC25番刺繍糸（6本どり）を50回。

3 よりひもを作る（P52参照）。DMC25番刺繍糸（6本どり）を各20㎝使用。

4 タペストリーに仕立てる（P50参照）。

本体

△ 813
⊡ 823
V 898
▼ 321
☆ BLANC（白）
◉ 310

タッセル

▼ 321

よりひも

⊡ 823
☆ BLANC（白）

つばさタペストリー ➡ P23

［仕上がりサイズ］
縦10.5×13cm（本体部分）

［材料］

糸：DMC25番刺繍糸／すべて2本どり
布：DMCアイーダ／18カウント（白）
裏地用布、接着芯（極厚）

［作り方］

1 布にクロスステッチをし、裏に接着芯を貼る（P49参照）。

2 タッセルを作る（P52参照）。厚紙は5×5cmにカット。巻く回数はDMC25番刺繍糸（6本どり）を60回。

3 よりひもを作る（P52参照）。DMC25番刺繍糸（6本どり）を各25cm使用。

4 タペストリーに仕立てる（P50参照）。

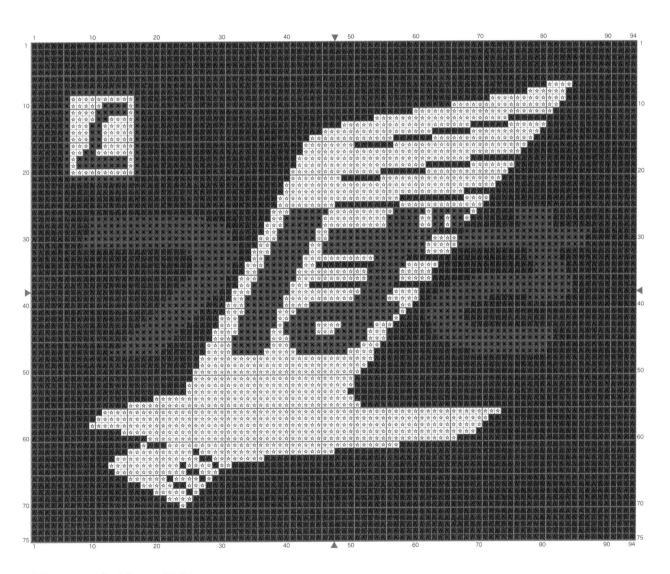

本体		タッセル		よりひも	
✕	824	•	415	∧	666
∧	666			•	415
☆	BLANC（白）				

WORKS 06 南風タペストリー ➡ P24

[仕上がりサイズ]
縦8×横11cm（本体部分）

[材料]

糸：DMC25番刺繍糸／すべて2本どり
布：DMCアイーダ／18カウント（白）
裏地用布、接着芯（極厚）

[作り方]

1 布にクロスステッチをし、裏に接着芯を貼る（P49参照）。
2 タッセルを作る（P52参照）。厚紙は4×4cmにカット。巻く回数はDMC25番刺繍糸（6本どり）を50回。
3 よりひもを作る（P52参照）。DMC25番刺繍糸（6本どり）を各20cm使用。
4 タペストリーに仕立てる（P50参照）。

WORKS 07 南風ワッペン ➡ P25

[仕上がりサイズ]
縦8×横11cm

[材料]

糸：DMC25番刺繍糸／すべて2本どり
布：DMCアイーダ／18カウント（白）
接着芯（極厚）

[作り方]

1 布にクロスステッチをし、裏に接着芯を貼る（P49参照）。
2 ワッペンに仕立てる（P49参照）。

本体
（タペストリー、
ワッペン）

△ 813
✕ 824
＋ 910
★ 307
Ⅰ 740
∧ 666
☆ BLANC（白）
◎ 310

タッセル、よりひも
（タペストリー）

∧ 666
⊃ 712

はとタペストリー → P26

[仕上がりサイズ]
直径11cm（本体部分）

[材料]

糸：DMC25番刺繍糸／すべて2本どり

布：DMCアイーダ／18カウント（白）

裏地用布、接着芯（薄手）

[作り方]

1 布にクロスステッチをし、裏に接着芯を貼る（P49参照）。

2 タッセルを作る（P52参照）。厚紙は5×5cmにカット。巻く回数はDMC25
番刺繍糸（6本どり）を60回。

3 よりひもを作る（P52参照）。DMC25番刺繍糸（6本どり）を各8cm使用。

4 タペストリーに仕立てる（P50参照）。

本体

✖	824
#	743
∧	666
☆	BLANC（白）
◎	310

タッセル、よりひも

| ✖ | 824 |
| ☆ | BLANC（白） |

しおさいタペストリー ➡ P27

[仕上がりサイズ]
縦8.5×横11cm（本体部分）

[材料]

糸：DMC25番刺繍糸／すべて2本どり
布：DMCアイーダ／18カウント（白）
裏地用布、接着芯（極厚）

[作り方]

1 布にクロスステッチをし、裏に接着芯を貼る（P49参照）。

2 タッセルを作る（P52参照）。厚紙は4×4cmにカット。巻く回数はDMC25番刺繍糸（6本どり）を50回。

3 よりひもを作る（P52参照）。DMC25番刺繍糸（6本どり）を各20cm使用。

4 タペストリーに仕立てる（P50参照）。

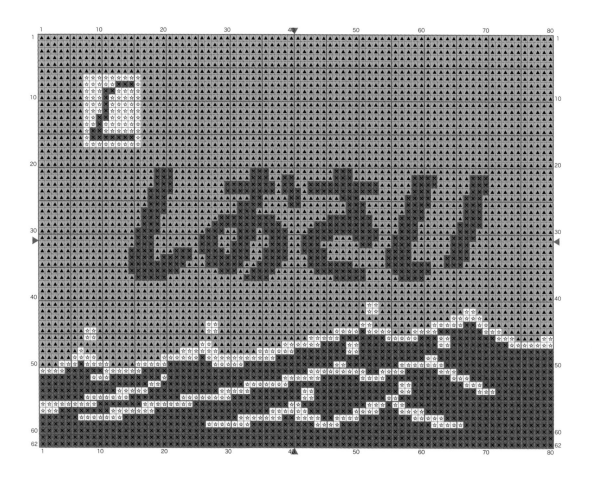

本体

▲ 827
✕ 824
☆ BLANC（白）

タッセル、よりひも

✳ 164
☆ BLANC（白）

WORKS 10　　やまばとタペストリー　➡ P28

[仕上がりサイズ]
縦9×横12.3cm（本体部分）

[材料]

糸：DMC25番刺繍糸／すべて2本どり
布：DMCアイーダ／18カウント（白）
裏地用布、接着芯（極厚）

[作り方]

1. 布にクロスステッチをし、裏に接着芯を貼る（P49参照）。
2. タッセルを作る（P52参照）。厚紙は5×5㎝にカット。巻く回数は
   DMC25番刺繍糸（6本どり）を60回。
3. よりひもを作る（P52参照）。DMC25番刺繍糸（6本どり）を各25㎝使用。
4. タペストリーに仕立てる（P50参照）。

本体
（タペストリー、クッション）

✖	824
◎	907
＋	910
＃	743
☆	BLANC（白）
◉	310

タッセル、よりひも
（タペストリー）

✖	824
＃	743

WORKS 11　　やまばとクッション　➡ P29

[仕上がりサイズ]
縦25.5×横36cm

[材料]

糸：DMC25番刺繍糸／すべて8本どり
布：DMCアイーダ／6カウント（白）
裏地用布、手芸用わた

[作り方]

1. 布にクロスステッチをする。
2. ①と裏布を中表に合わせ、返し口を10㎝残して縫い合わせる。
3. 縫い代を1.5㎝に切りそろえて表に返す。
4. 返し口からわたを詰める。
5. 返し口をまつり縫いでとじる。

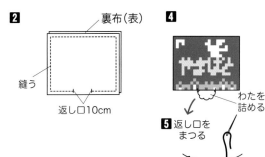

WORKS 12　鳥海タペストリー　→ P30

[仕上がりサイズ]
直径8.5cm（本体部分）

［材料］

糸：DMC25番刺繍糸／すべて2本どり
布：DMCアイーダ／18カウント（白）
裏地用布、接着芯（薄手）

［作り方］

1 布にクロスステッチをし、裏に接着芯を貼る（P49参照）。

2 タッセルを作る（P52参照）。厚紙は4×4cmにカット。巻く回数はDMC25番刺繍糸（6本どり）を50回。

3 よりひもを作る（P52参照）。DMC25番刺繍糸（6本どり）を各8cm使用。

4 タペストリーに仕立てる（P50参照）。

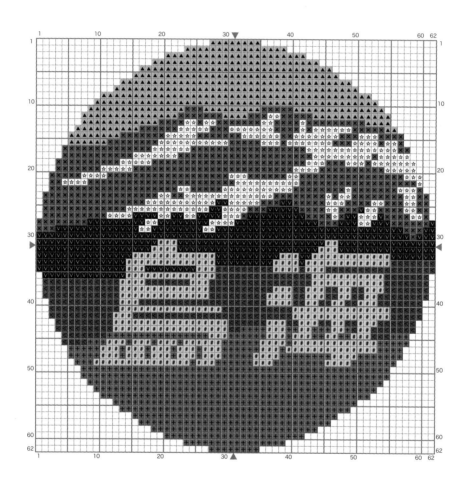

本体	タッセル、よりひも
▲ 827	⚲ 550
✖ 824	
✚ 910	
# 743	
◣ 434	
Ｖ 898	
☆ BLANC（白）	

WORKS 13　ライラックタペストリー　→ P31

［仕上がりサイズ］
縦9×横12.3cm（本体部分）

［材料］

糸：DMC25番刺繍糸／すべて2本どり
布：DMCアイーダ／18カウント（白）
裏地用布、接着芯（極厚）

［作り方］

1 布にクロスステッチをし、裏に接着芯を貼る（P49参照）。

2 タッセルを作る（P52参照）。厚紙は5×5cmにカット。巻く回数はDMC25番刺繍糸（6本どり）を60回。

3 よりひもを作る（P52参照）。DMC25番刺繍糸（6本どり）を各25cm使用。

4 タペストリーに仕立てる（P50参照）。

本体
▢	823
◎	907
∀	153
C	ECRU
☆	BLANC（白）

タッセル、よりひも
◎	907
∀	153

WORKS 14 **くろしおタペストリー** → P32

[仕上がりサイズ]
縦 8.5 × 横 11.3 cm（本体部分）

[材料]

糸：DMC25番刺繍糸／すべて2本どり

布：DMCアイーダ／18カウント（白）

裏地用布、接着芯（極厚）

[作り方]

1 布にクロスステッチをし、裏に接着芯を貼る（P49参照）。

2 タッセルを作る（P52参照）。厚紙は4×4cmにカット。巻く回数はDMC25番刺繍糸（6本どり）を50回。

3 よりひもを作る（P52参照）。DMC25番刺繍糸（6本どり）を各20cm使用。

4 タペストリーに仕立てる（P50参照）。

本体

▲ 827

・ 415

■ 550

☆ BLANC（白）

◎ 310

タッセル

■ 550

よりひも

■ 550

☆ BLANC（白）

ひたちタペストリー ➡ P33

[仕上がりサイズ]
縦10×横13㎝（本体部分）

[材料]

糸：DMC25番刺繍糸／すべて2本どり
布：DMCアイーダ／18カウント（白）
裏地用布、接着芯（極厚）

[作り方]

1 布にクロスステッチをし、裏に接着芯を貼る（P49参照）。

2 タッセルを作る（P52参照）。厚紙は5×5㎝にカット。巻く回数はDMC25番刺繍糸（6本どり）を60回。

3 よりひもを作る（P52参照）。DMC25番刺繍糸（6本どり）を各25㎝使用。

4 タペストリーに仕立てる（P50参照）。

本体		タッセル	
▲	827	⼈	666
⼈	666		
■	550	よりひも	
☆	BLANC（白）	▲	827
◎	310	☆	BLANC（白）

みずほタペストリー ➡ P34

［仕上がりサイズ］
直径11cm（本体部分）

［材料］

糸：DMC25番刺繍糸／すべて2本どり
布：DMCアイーダ／18カウント（白）
裏地用布、接着芯（薄手）

［作り方］

1 布にクロスステッチをし、裏に接着芯を貼る（P49参照）。

2 タッセルを作る（P52参照）。厚紙は5×5cmにカット。巻く回数はDMC25
番刺繍糸（6本どり）を60回。

3 よりひもを作る（P52参照）。DMC25番刺繍糸（6本どり）を各8cm使用。

4 タペストリーに仕立てる（P50参照）。

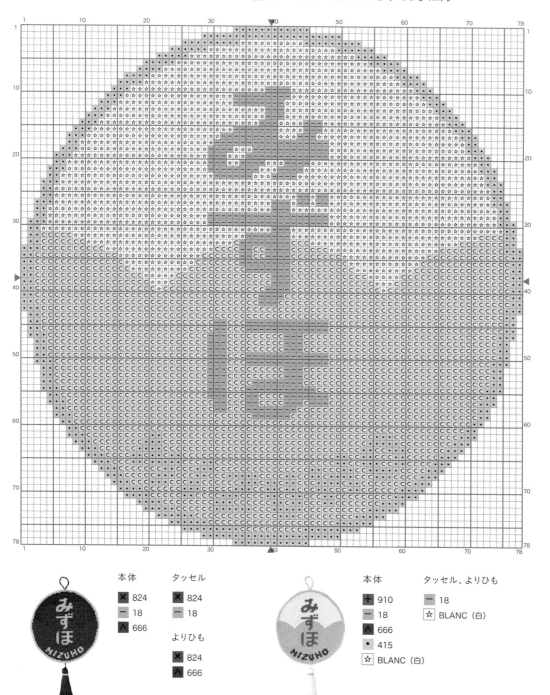

本体
— 18
• 415
C ECRU
☆ BLANC（白）

タッセル、よりひも
— 18
☆ BLANC（白）

本体
✕ 824
— 18
◣ 666

タッセル
✕ 824
— 18

よりひも
✕ 824
◣ 666

本体
＋ 910
— 18
◣ 666
• 415
☆ BLANC（白）

タッセル、よりひも
— 18
☆ BLANC（白）

むつタペストリー ➡ P36

［仕上がりサイズ］
大：縦4.5×横6cm
中：縦3×横4.3cm
小：縦1.7×横2.3cm
（本体部分）

［材料］

糸：DMC25番刺繍糸／すべて2本どり
布：DMCアイーダ／18カウント（白）
裏地用布（大・中）、レザー（小）

［作り方］

1 布にクロスステッチをする。

2 タッセルを作る（P52参照）。厚紙を大は3×3cm、中は2×2cmにカット。巻く回数はDMC25番刺繍糸（6本どり）を大は20回、中は10回。小は下の写真参照。

3 よりひもを作る（P52参照）。DMC25番刺繍糸（6本どり）を大は各12cm、中は各8cm使用。小はDMC25番刺繍糸（3本どり）を各5cm使用。

4 タペストリーに仕立てる（P50参照）。

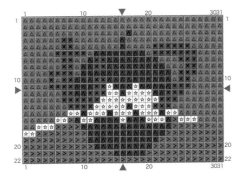

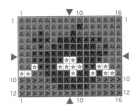

本体	タッセル	よりひも
△ 813	★ 307	> 436
✕ 824		☆ BLANC（白）
> 436		
▲ 666		
☆ BLANC（白）		

むつタペストリー（小）　　　［仕立て方］

3本どりの刺繍糸5cm×2本でよりひもを作る（P52参照）。タッセルを作る（下の「タッセルの作り方」参照）。刺繍した布の折り代を始末し、タッセルを通したよりひもをのせ、上から仕上がりサイズより少し小さくカットしたレザーを布用接着剤で貼りつける（P49「ブローチの作り方」参照）。

［タッセルの作り方］

❶ タッセルを作る。3本どりの糸を8cmくらいにカットし、2つに折って結ぶ。

❷ 6本どりの糸を3cm×3本にカットする。

❸ ②の3本を1つにまとめ、中央を①でしっかり固結びにする。

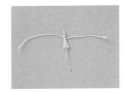

❹ 結び目を隠すように2つに折り、房の上側を2本どりの糸で固結びにする。

❺ 余分な糸をカットし、房の糸端を切りそろえ、目打ちを使って糸をほぐす。

いなほタペストリー —➡ P38

［仕上がりサイズ］
縦10.5×横13.2㎝（本体部分）

［材料］

糸：DMC25番刺繍糸／すべて2本どり
布：DMCアイーダ／18カウント（白）
裏地用布、接着芯（極厚）

［作り方］

1 布にクロスステッチをし、裏に接着芯を貼る（P49参照）。

2 タッセルを作る（P52参照）。厚紙は5×5㎝にカット。巻く回数はDMC25番刺繍糸（6本どり）を60回。

3 よりひもを作る（P52参照）。DMC25番刺繍糸（6本どり）を各25㎝使用。

4 タペストリーに仕立てる（P50参照）。

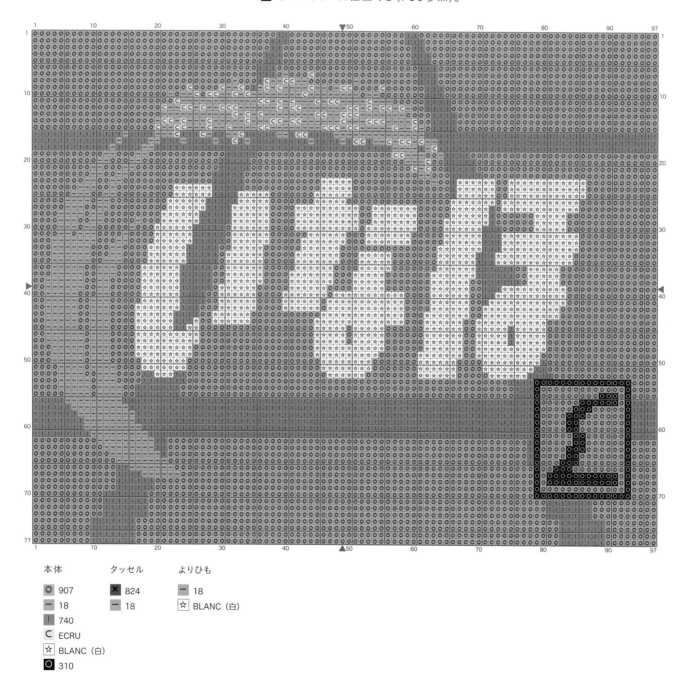

本体		タッセル		よりひも	
◎	907	✕	824	−	18
−	18	−	18	☆	BLANC（白）
Ｉ	740				
C	ECRU				
☆	BLANC（白）				
◑	310				

WORKS 19　出雲タペストリー　→ P39

[仕上がりサイズ]
直径9.5cm（本体部分）

[材料]

糸：DMC25番刺繍糸／すべて2本どり
布：DMCアイーダ／18カウント（白）
裏地用布、接着芯（薄手）

[作り方]

1 布にクロスステッチをし、裏に接着芯を貼る（P49参照）。

2 タッセルを作る（P52参照）。厚紙は5×5cmにカット。巻く回数はDMC25
番刺繍糸（6本どり）を60回。

3 よりひもを作る（P52参照）。DMC25番刺繍糸（6本どり）を各8cm使用。

4 タペストリーに仕立てる（P50参照）。

本体	タッセル、よりひも
# 743	◭ 666
◭ 666	⊃ 712
☆ BLANC（白）	

WORKS 20

189系ワッペン ➡ P40

[仕上がりサイズ]
縦8×横6.8cm

WORKS 21

あずさワッペン ➡ P40

[仕上がりサイズ]
縦8.5×横11cm

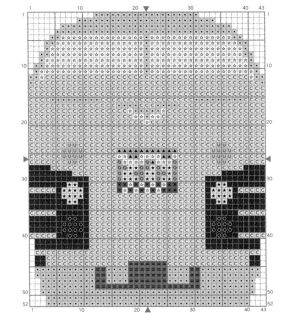

▲ 827
✕ 824
◎ 907
★ 307
▨ 321
U 950
C ECRU
・ 415
＝ 414
☆ BLANC（白）
◉ 310

巻きかがりは
DMC25番刺繍糸
（BLANC（白）
／6本どり）

[材料（共通）]

糸：DMC25番刺繍糸／すべて2本どり
布：DMCアイーダ／18カウント（白）
接着芯（極厚）

[作り方]

1 布にクロスステッチをし、裏に接着芯を貼る（P49参照）。

2 ワッペンに仕立てる。189系はP49「ワッペン（縁あり）の作り方」参照。あずさはP49「ワッペンの作り方」参照。

▲ 827
✕ 824
◎ 907
★ 307
☆ BLANC（白）

WORKS 22　さくらタペストリー ➞ P42、43

[仕上がりサイズ]
直径9㎝（本体部分）

[材料]

糸：DMC25番刺繍糸／すべて2本どり

布：DMCアイーダ／18カウント（白）

裏地用布、接着芯（薄手）

[作り方]

1 布にクロスステッチをし、裏に接着芯を貼る（P49参照）。

2 タッセルを作る（P52参照）。厚紙は4×4㎝にカット。巻く回数は DMC25番刺繍糸（6本どり）を50回。

3 よりひもを作る（P52参照）。DMC25番刺繍糸（6本どり）を各8㎝使用。

4 タペストリーに仕立てる（P50参照）。

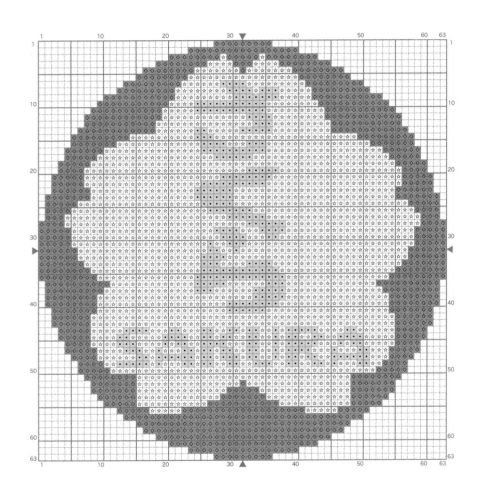

本体

◇ 3326

• 415

☆ BLANC（白）

タッセル、よりひも

◇ 3326

• 415

本体

＋ 910

◇ 3326

タッセル、よりひも

★ 307

本体

－ 18

◇ 3326

• 415

☆ BLANC（白）

タッセル、よりひも

－ 18

☆ BLANC（白）

著者 スハネフ

鞍田恵子
KEIKO KURATA

エディター、鉄道手芸家。メンズストリートファッション誌の編集を経て独立。現在は、ハンドメイドやライフスタイル系の雑誌や書籍を中心に企画・編集を手がける。2017年より「スハネフ（SHNF）」の名で鉄道をテーマにした作品を制作。刺繍・ソーイング・プラバン＆レジンなどの手法を用いたり、さまざまなジャンルのクリエイターとコラボしたりすることで鉄道愛を表現。鉄道好き作家によって結成された「ピカユナ製作所」に所属し、展示会やワークショップなどを行う。

Instagram:@shnf1111

●STAFF

企画・編集／鞍田恵子

ブックデザイン／高橋朱里、菅谷真理子（マルサンカク）

写真／八幡 宏

スタイリング／露木 藍

制作協力／小川美加子　新藤由紀（いろは堂）　関 恵美

中嶋友美　早川るみ　Yuka　渡邊佳祐里

イラスト・トレース／ナガイマサミ

校正／ぷれす

編集協力・文（P54-57）／磯村裕美（ぷぇんすく）

編集担当／梅谷明香

●撮影協力

AWABEES　TEL:03-5786-1600

TITLES　TEL:03-6434-0616

●材料提供

ディー・エム・シー株式会社

TEL:03-5296-7831

http://www.dmc.com

（DMC25番刺繍糸、DMCアイーダ、DMC抜きキャンバス、
DMCクロスステッチ針、DMCタペストリー針）

Murase co.,ltd

http://www.mrs-hw.co.jp/

（P12ニットキャップ、P17キャップ）

●参考文献

「特急マーク図鑑 列車を彩るトレインマーク」松原一己
天夢人　2018年

「特急・急行 トレインマーク図鑑」鼠入昌史、松原一己
双葉社　2015年

●Special thanks

大日方 樹／慈眼寺／田原千秋／

田原菜七絵／toi et moi／フィーカ／松澤歌奈子

鉄道クロスステッチBOOK

2021年2月15日初版印刷
2021年3月1日初版発行

編集人　勇上香織
発行人　今井敏行

発行所　JTBパブリッシング
　　　　〒162-8446東京都新宿区払方町25-5
　　　　https://jtbpublishing.co.jp/
　　　　販売　03-6888-7893

編集・制作　西日本支社
　　　　〒530-0002
　　　　大阪市北区曽根崎新地2-2-16
　　　　西梅田MIDビル3階
　　　　編集　06-6345-1011

組版・印刷所　佐川印刷